X   1875

La Création.

ALPHABET
DES
ANIMAUX

Pour les petits Garçons et les petites Filles bien raisonnables.

Orné de 26 Gravures.

Buffon écrivant l'Histoire des Animaux.

PARIS

Locard et Davi *Libraires Quai des Grands Augustins N.º 3. a la descente du Pont S.t Michel*.

1824

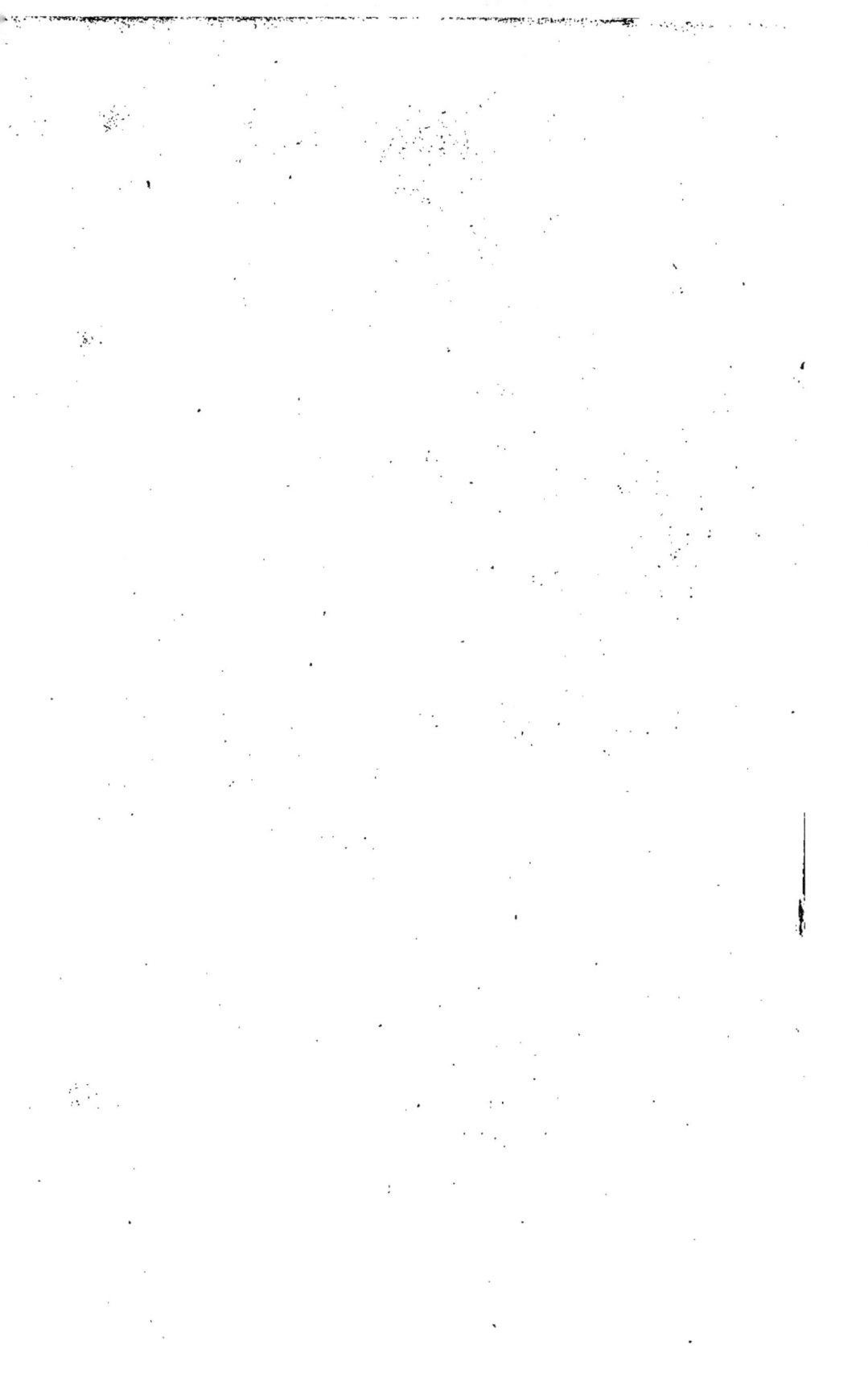

ALPHABET

HISTORIQUE

DES ANIMAUX,

CONTENANT :

1º De grosses lettres, et les ba, be, bi, bo, bu ;

2º Les mots d'une, deux, trois, quatre, cinq et six syllabes, le tout bien divisé ;

3º De petites phrases instructives, divisées pour faciliter les enfans à épeler, le tout en très-gros caractères ;

4º Un tableau instructif et amusant des principaux quadrupèdes qui couvrent la surface de la terre, *orné de vingt-cinq gravures en taille-douce*, correspondant aux vingt-cinq lettres de l'alphabet, terminé par de petits complimens en prose, à la portée des enfans du premier âge.

———————

ÉPERNAY, DE L'IMPRIMERIE DE WARIN-THIERRY.

A PARIS,

Chez LOCARD et DAVI, Libraires, quai des Augustins, nº 3, en face le pont Saint-Michel.

1826.

A	B
C	D
E	F

a	b
c	d
e	f

G H

I J K

L M

g h

i j k

l m

N	O
P	Q
R	S

n	o
p	q
r	s

T	U
V	X
Y	Z

t	u
v	x
y	z

A B C D

E F G H

I J K L

M N O P

Q R S T

U V X Y Z.

a b c d

e f g h

i j k l

m n o p

q r s t

u v x y z.

A	B	C	D
E	F	G	H
I	J	K	L
M	N	O	P
Q	S	R	T
U	V	X	Y	Z.

---

a	b	c	d	e
f	g	h	i	j
k	l	m	n	o
p	q	r	s	t
u	v	x	y	z.

Les lettres doubles.

æ   œ   fi   ffi

fi   ffi   fl   ffl

ff   fb   fl   ff

ft   ct   &   w.

PONCTUATION.

Apostrophe (') l'orage
Trait-d'union (-) Porte-feuille
Guillemet («)
Parenthèses ( )
Virgule (,)
Point et virgule (;)
Deux points (:)
Point (.)
Point d'interrogation (?)
Point d'exclamation (!)

Voyelles.

a   e   i   ou   y   o   u

Syllabes.

ba	be	bi	bo	bu
ca	ce	ci	co	cu
da	de	di	do	du
fa	fe	fi	fo	fu
ga	ge	gi	go	gu
ha	he	hi	ho	hu
ja	je	ji	jo	ju
ka	ke	ki	ko	ku

la	le	li	lo	lu
ma	me	mi	mo	mu
na	ne	ni	no	nu
pa	pe	pi	po	pu
qua	que	qui	quo	quu
ra	re	ri	ro	ru
sa	se	si	so	su
ta	te	ti	to	tu
va	ve	vi	vo	vu
xa	xe	xi	xo	xu
za	ze	zi	zo	zu

ab	eb	ib	ob	ub
ac	ec	ic	oc	uc
ad	ed	id	od	ud
af	ef	if	of	uf
ag	eg	ig	og	ug
ah	eh	ih	oh	uh
ak	ek	ik	ok	uk
al	el	il	ol	ul
am	em	im	om	um
an	en	in	on	un
ap	ep	ip	op	up
aq	eq	iq	oq	uq
ar	er	ir	or	ur
as	es	is	os	us

at	et	it	ot	ut
av	ev	iv	ov	uv
ax	ex	ix	ox	ux
az	ez	iz	oz	uz

---

bla	ble	bli	blo	blu
bra	bre	bri	bro	bru
cha	che	chi	cho	chu
cla	cle	cli	clo	clu
cra	cre	cri	cro	cru
dra	dre	dri	dro	dru
gla	gle	gli	glo	glu
gua	gne	gni	gno	gnu
gra	gre	gri	gro	gru
pha	phe	phi	pho	phu

2

pla	ple	pli	plo	plu
pra	pre	pri	pro	pru
tla	tle	tli	tlo	tlu
tra	tre	tri	tro	tru

Lettres accentuées.

é	(aigu)
à è ù	(graves)
â ê î ô û	(circonflèxes)
ë ï ü	(tréma)
ç	(cédille)

Pâ-té   Mè-re

Le-çon   Mê-me

Maî-tre   A-pô-tre

Hé-ro-ï-ne

Mots qui n'ont qu'un son,
ou qu'une syllabe.

Pain	Vin
Chat	Rat
Four	Blé
Mort	Corps
Trop	Moins
Art	Eau
Marc	Veau
Champ	Pré
Vent	Dent
Vert	Rond

Mots à deux sons, ou deux syllabes
à épéler.

Pa-pa	Cou-teau
Ma-man	Cor-don
Bal-lon	Cor-beau
Bal-le	Cha-meau
Boul-le	Tau-reau
Chai-se	Oi-seau
Poi-re	Ton-neau
Pom-me	Mou-ton
Cou-sin	Ver-tu
Gâ-teau	Vi-ce

Mots à trois sons, ou trois syllabes
à épeler.

Or-phe-lin

Scor-pi-on

Ou-vra-ge

Com-pli-ment

Nou-veau-té

Cou-tu-me

Mou-ve-ment

His-toi-re

Li-ber-té

Li-ma-çon

A-pô-tre

Vo-lail-le

Ci-trouil-le

Mé-moi-re

Car-na-ge

Ins-tru-ment

Su-a-ve

Fram-boi-se

Gui-mau-ve

U-sa-ge

Mots à quatre sons, ou quatre syllabes à épeler.

E-ga-le-ment
Phi-lo-so-phe
Pa-ti-en-ce
O-pi-ni-on
Con-clu-si-on
Zo-di-a-que
E-pi-lep-sie
Co-quil-la-ge
Di-a-lo-gue
Eu-cha-ris-tie

Mots à cinq sons, ou cinq syllabes à épeler.

Na-tu-rel-le-ment
Cor-di-a-li-té
Ir-ré-sis-ti-ble

Cou-ra-geu-se-ment

In-con-vé-ni-ent

A-ca-ri-â-tre

In-do-ci-li-té

In-can-des-cen-ce

Ad-mi-ra-ble-ment

Cu-ri-o-si-té

In-e-xo-ra-ble

Mots à six sons, ou six syllabes
à épeler.

In-con-si-dé-ré-ment

Per-fec-ti-bi-li-té

O-ri-gi-na-li-té

Ma-li-ci-eu-se-ment

As-so-ci-a-ti-on

Va-lé-tu-di-nai-re

Phrases à épeler, divisées par syllabes.

J'ai-me mon pa-pa.

Je ché-ris ma-man.

Mon frè-re est o-bé-is-sant.

Ma sœur est bi-en ai-ma-ble.

Mon cou-sin m'a don-né un pe-tit se-rin.

Grand pa-pa doit ap-por-ter un pe-tit chi-en.

Gran-de ma-man me don-ne-ra pour é-tren-nes un che-val de car-ton.

3

J'i-rai de-main me pro-me-ner sur les bou-le-varts a-vec mes ca-ma-ra-des.

Té-o-do-re a un beau cerf-vo-lant, a-vec le-quel je m'a-mu-se-rai bi-en.

La mai-son de ma tan-te à Vau-gi-rard est très-jo-lie. Il y a dans la cour un beau jeu de quil-les.

Mon on-cle Tho-mas a a-che-té un pe-tit é-cu-reuil que je vou-drais bi-en a-voir pour me di-ver-tir.

Di-man-che je n'i-rai pas à l'é-co-le; mon cou-sin Au-gus-te vi-en-dra me

cher-cher pour al-ler à la
pro-me-na–de.

Phrases à épeler.

Il n'y a qu'un seul Dieu
qui gou-ver–ne le ciel et la
ter–re.

Ce Dieu ré-com-pen-se
les bons et pu-nit les mé-
chans.

Les en-fans qui ne sont
pas o-bé-is-sans ne sont pas
ai-més de Dieu, ni de leurs
pa-pas et ma-mans.

Il faut fai-re l'au-mô-ne
aux pau-vres, car on doit
a-voir pi-tié de son sem-
bla-ble.

Un en-fant ba-bil-lard
et rap-por-teur, est tou-
jours re-bu-té par tous ses
ca-ma-ra-des.

On ai-me les en-fans
do-ci-les; on leur don-ne
des bons-bons.

Phrases à lire.

Un enfant doit être poli.

Un enfant boudeur est
haï de tout le monde.

Un enfant qui est hon-
nête et qui a bon cœur,
est chéri de tous ceux qui
le connaissent.

L'enfant sage est la joie de son père.

Le lion est le roi des animaux.

L'aigle est le roi des oiseaux.

La rose est la reine des fleurs.

L'or est le premier des métaux; il est le plus dur et le plus rare.

La baleine est le plus gros des poissons de la mer.

Le brochet est un poisson vorace, qui détruit les autres poissons des rivières et des étangs.

3.

L'homme a cinq sens, ou cinq manières d'apercevoir ou de sentir ce qui l'environne.

Il voit avec les yeux.

Il entend par les oreilles.

Il goûte avec la langue.

Il flaire ou respire les odeurs avec le nez.

Il touche avec tout le corps, et principalement avec les mains.

Phrases à lire.

Les quatre élémens qui composent notre globe,

sont : l'air, la terre, l'eau
et le feu.

Sans air, l'homme ne
peut respirer.

Sans la terre, l'homme
ne peut manger.

Sans eau, l'homme ne
peut boire.

Sans feu, l'homme ne
peut se chauffer.

La réunion de ces qua-
tre élémens est donc né-
cessaire à l'homme, pour
vivre.

C'est l'air agité qui produit les vents, qui cause
les orages, les tempêtes,

et qui est la source de mille phénomènes qui arrivent journellement dans l'atmosphère.

C'est la terre qui produit toutes les substances végétales dont l'homme se nourrit, ainsi que les animaux qui la couvrent ; c'est au fond de la terre qu'on trouve le marbre, l'or, l'argent, le fer, et tous les autres métaux.

C'est dans l'eau, c'est-à-dire, dans la mer, les fleuves, les rivières et les ruisseaux, qu'on pêche cette quantité prodigieuse de

poissons de toutes gran-
deurs et de toutes gros-
seurs, qui servent d'ali-
mens à l'homme.

C'est le feu qui échauffe
la terre, qui anime et vivi-
fie toute la nature. C'est le
feu qui nous éclaire dans
les ténèbres.

———————

Les fleurs sont la parure
de la terre, et l'ornement
de nos demeures, qu'elles
parfument de leurs odeurs
agréables.

Les principales fleurs qui
embellissent nos jardins et

parfument l'air, sont l'œil-
let , la renoncule , la jon-
quille, la violette , le mu-
guet, la tubéreuse, la giro-
flée , la pensée, l'iris, l'hé-
liotrope, la marguerite, le
jasmin, le lilas, l'anémone,
l'hortensia , la tulipe , etc.

Les arbres font l'orne-
ment de la terre.

Les principaux arbres
qui portent des fruits propres à la nourriture de
l'homme, sont le pommier,
le poirier , le pêcher , l'a-
bricotier , le prunier , le

cerisier, le groseiller, le néflier, le cognassier, l'oranger, le citronnier, le noyer, etc.

Les arbres qui ne portent point de fruits propres à la nourriture de l'homme, servent à d'autres usages, et sont employés soit en bûches, soit en planches, soit d'autre manière, pour les besoins ou les agrémens de la société.

Les principaux de ces arbres sont le chêne, l'ormé, le peuplier, l'érable, le sapin, le pin, le buis, le saule, l'accacia, etc.

Les plantes que le ciel

a semées sur la surface de la terre, se divisent en plantes potagères et en plantes médicinales.

Les principales plantes potagères sont : la carotte, le navet, le chou, le panais, les raves, le potiron, la laitue, le persil, la ciboule, le cerfeuil, les salsifis, le céleri, le poireau, les épinards, l'oseille, etc.

Les principales plantes médicinales sont : la bourrache, le chiendent, la guimauve, la coriandre, la fumeterre, etc. etc.

A   B

C   D

E   G

F

A   ANE.

Cet animal, quoiqu'il n'ait pas les qualités du cheval, est d'une grande utilité dans les campagnes. Compagnon assidu du villageois pauvre, il partage ses travaux, porte des fardeaux assez considérables, sert au moulin, traîne une petite charette, etc. Peu délicat sur la nourriture, il mange indifféremment de tout; il est lent, indocile, têtu, mais patient et laborieux.

4

B LE BUBALE.

CET animal, qui tient par sa conformation, du cerf et du bœuf sauvage, appartient à tout le nord de l'Afrique, et surtout au désert. Il marche en troupe, et se défend avec fureur contre ceux qui l'attaquent. Sa nourriture se compose de substances végétales. Ses petits s'apprivoisent facilement, et paissent avec les troupeaux de bœufs.

C CHAMEAU.

Le chameau, originaire d'Arabie, se trouve en Afrique et en Asie. Sa longueur moyenne est de dix pieds sur six de hauteur. Ses principaux caractères distinctifs sont d'avoir au milieu une bosse charnue et cinq estomacs. Il rumine comme le bœuf. Vigoureux et sobre, il rend autant de services que le cheval, le bœuf et l'âne réunis. Sans lui, il eût été impossible à l'homme de

traverser les immenses soli-
tudes de l'Asie et les sables
brûlants de l'Afrique. Il
porte depuis mille jusqu'à
douze cents livres pesant,
fait douze lieues par jour,
et fléchit le genou pour re-
cevoir sa charge ; il peut
passer huit ou dix jours sans
boire ni manger.

D   DAIM.

Cet animal, plus petit que
le cerf, auquel il est assez res-
semblant, porte aussi comme
lui, un bois ou des cornes.

Les daims vont par trou-
pes comme les cerfs. Ils ont
à leur tête un chef, qui marche le premier et qui déter-
mine tous leurs mouvemens.
Les cerfs et les daims ne se
recherchent que pour se bat-
tre, et ils s'attaquent pour
ainsi dire en ordre de ba-
taille. Les vaincus sont obli-
gés de prendre la fuite.

La chair de cet animal est
un régal pour les chasseurs.

Sa peau est très-estimée,
on en fait des culottes et des
gants.

4

E ÉLÉPHANT.

Le plus gros de tous les quadrupèdes connus, généralement répandu dans toutes les contrées méridionales de l'Afrique. Son nez, qu'on appelle trompe, et assez long pour toucher à terre, lui sert à faire tout ce qu'on fait avec la main, et pour porter les aliments à sa bouche. Pour boire il s'en sert comme d'une pompe. Ce sont ses dents que les artistes emploient sous le nom d'ivoire. Sa force est prodigieuse, il porte sur son dos une tour armée en guerre; avec sa trompe il arrache des arbres. Quoique très-lourd il est très-agile, et fait vingt lieues par jour. Il mange considérablement. Sa nourriture se compose d'herbes, de feuillages, de graines et de jeunes pousses d'arbres. On l'apprivoise facilement; il est doux et très-intelligent.

F   FOUINE.

Cet animal est de la grandeur du chat; il a la tête

petite, le corps allongé, les
jambes très-courtes, une
queue presque de la lon-
gueur de son corps, bien
touffue, et dont le poil a
deux pouces de longueur;
sa gorge est blanche.

La fouine, dont l'espèce
est généralement répandue,
s'approche des habitations,
s'établit même dans les vieux
bâtimens, dans les greniers
à foin, dans des trous de mu-
raille, se glisse aussi dans les
colombiers et les poulaillers,
mange les œufs, les pigeons
et les poulets; elle prend aussi

les souris, les rats, les taupes
et les oiseaux dans leurs nids.
Cet animal ne vit guère que
huit à dix ans. Ainsi que la
martre, il rend des excré-
ments d'une odeur de musc.
Sa fourrure, quoique moins
estimée que celle de la martre, est cependant recherchée
dans le commerce.

G   GAZELLE.

Joli quadrupède à pied
fourchu, d'une taille fine,
bien prise et des plus légers
à la course, qui se trouve

communément en Afrique, en Asie et aux Indes-Orientales.

Cet animal vit en société, et rumine.

La gazelle des Indes, celle qui donne le bésoard, est de la grandeur de la chèvre domestique.

On va à la chasse de ces animaux avec une gazelle mâle et apprivoisée, qu'on mène dans les lieux où il y a des gazelles sauvages, et on parvient à s'en saisir par adresse.

Cet animal est précieux

pour le muc, dont il se fait
un assez grand débit dans
le commerce.

H   HÉRISSON.

ANIMAL innocent et pai-
sible, dont le corps est hérissé
de pointes qui lui servent de
défense contre ses ennemis.
On n'en voit point dans les
pays froids. Il se nourrit de
vers et d'autres insectes. Il se
tient au pied des arbres,
dans la mousse, ou sous des
monceaux de pierres. On ne
le rencontre pas de tout le
jour, mais il marche la nuit.

Il reste engourdi pendant
l'hiver.

I ISATIS.

Il y en a de deux couleurs,
des blancs et des blancs-
cendrés.

L'isatis ressemble au re-
nard, par la forme du corps
et par la longueur de la
queue; mais par la tête il
ressemble au chien.

La voix de l'isatis tient
de l'aboiement du chien et
du renard.

Cet animal vit de rats, de
lièvres et d'oiseaux, et il a

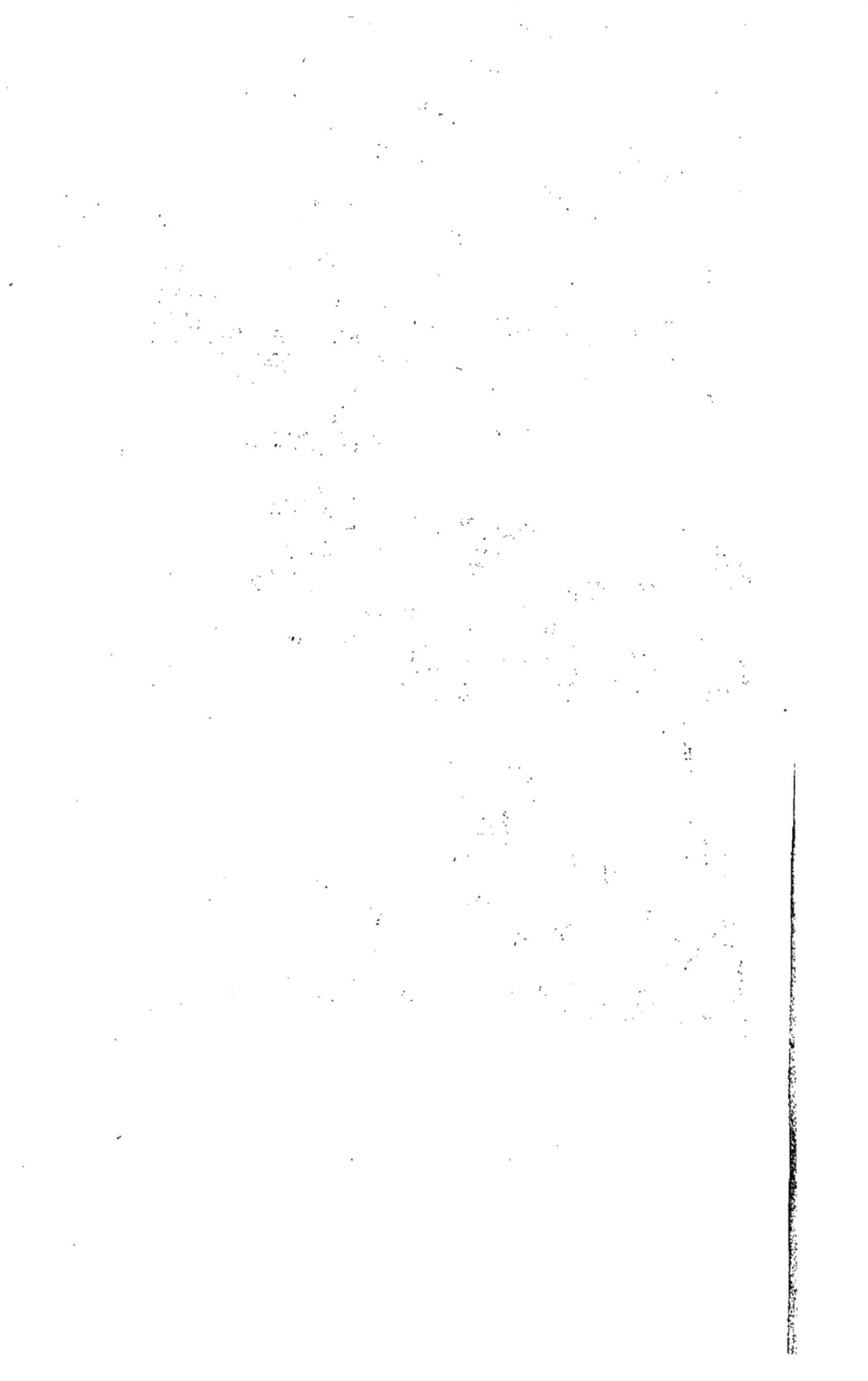

autant de finesse que le renard pour les attraper. Il se jette à l'eau et traverse les lacs pour chercher les nids des canards et des oies; il en mange les œufs et les petits.

J   JAGUAR.

Le Jaguar est de la grosseur d'un dogue, et tacheté comme le tigre. Il est carnassier comme ce dernier, et aussi dangereux quand il est pressé par la faim; quand il a bien mangé, son courage l'abandonne, et on le fait

5

fuir en lui présentant un tison allumé.

Les Jaguars affamés attaquent les bœufs et les vaches en leur sautant sur le cou; ils enfoncent les griffes de la patte gauche sur le cou; et lorsque le bœuf est tombé, ils le déchirent et traînent les lambeaux de sa chair dans les bois, après lui avoir ouvert la poitrine et le ventre pour boire tout le sang dont ils se contentent pour une première fois. Ils couvrent ensuite avec des branches d'arbres les restes de leur proie, et ne s'en éartent guerre; mais lorsque la chair commence à se corrompre, ils n'en mangent plus.

K KABASSOU.

LE Kabassou n'a ni poils ni plumes comme les autres animaux; mais son corps est couvert en partie d'un têt dont la substance est semblable à celle des os. Les bandes osseuses qui composent ce têt entrent les unes dans les autres, et donnent à l'animal la facilité de se ramasser en une boule qui peut résister à tous les chocs. Cette armure naturelle est couverte d'une peau légère qui fait l'effet du vernis. Le kabassou n'est point méchant, ne vit que de fruits, et se creuse un terrier avec plus de promptitude encore que la taupe.

L   LION.

LE plus fort et le plus terrible des animaux, qui nous vient de l'Asie ou de l'Afrique. Il est remarquable par une longue crinière qui lui ombrage la tête et le cou, et par une queue longue d'environ quatre pieds dont il se sert pour terrasser sa proie. Chacune de ses mâchoires est garnie de quatorze dents, et ses pieds sont armés de griffes. Sa plus grande taille est d'environ huit pieds de longueur sur quatre de hauteur. Sa femelle, plus petite, ne porte point de crinière. Sa nourriture dans les forêts est la gazelle et le singe. Un bon repas lui suffit pour trois jours. Quand il n'est pas tourmenté par la faim, il n'attaque ni l'homme ni les animaux. Pris jeune, il

5.

saprivoise assez facilement.

M MARMOTTE.

La Marmotte ressemble au lièvre par la tête, au blaireau par le poil et les ongles, et à l'ours par les pieds. Elle habite les hauts sommets des Alpes, des montagnes de la Suisse et des Pyrénées, dans des terriers qu'elle approvisionne de foin, pour se nourrir jusqu'au temps de son engourdissement. On l'accoutume à la vie domestique : elle mange de tout, et aime

sur-tout le lait. Sa docilité fournit aux jeunes savoyards la ressource de l'offrir comme objet de curiosité, en la faisant danser au son de la vielle.

N NIGAULT.

ORIGINAIRE des climats chauds, cet animal est de la taille d'environ quatre pieds, et ressemble beaucoup au cerf, dont il n'a pas l'agilité. Ses cornes ont six pouces de long. Le Nigault est doux, quoique très-vif, et même familier; il mange de l'avoine, et de préférence de l'herbe fraîche. Sa viande est bonne, ainsi que son suif; son cuir est ferme et épais.

O   OURS.

On en connaît trois espèces; l'ours brun ou roux est carnassier et féroce; l'ours noir n'est que farouche, et refuse de manger de la chair, et l'ours blanc, qui se trouve dans les contrées septentrionales. Il se retire dans des cavernes ou des arbres creux. En l'apprivoisant, on lui apprend à se tenir debout, à gesticuler et même à danser.

P PANTHÈRE.

LA Panthère ressemble, pour la tournure, à un dogue de forte race. Elle a le regard cruel, les mouvemens brusques et l'air inquiet. Sa peau fauve sur le dos est blanchâtre sous le ventre et parsemée de grandes taches noires. Elle ne se trouve que dans les contrées les plus chaudes de l'Asie et de l'Afrique. Quoique carnassière, elle attaque rarement l'homme. Malgré sa férocité, on la dompte et on la dresse pour la chasse.

Q QUINCAJOU.

ANIMAL quadrupède de l'Amérique, de la grosseur d'un chat très-fort, armé de griffes, d'un poil roux. Il a une longue queue qui fait deux ou trois tours sur son dos.

Le Quincajou est fort léger; il monte sur les arbres et se couche sur une branche; et lorsque l'Orignac, espèce d'élan du Canada, vient à passer, il se jette adroitement sur son cou, l'accolle de ses griffes, et ne le quitte point qu'il ne l'ait terrassé. l'Ori-

gnac tâche de courir à l'eau
pour s'y plonger; alors son
ennemi qui craint l'eau, se
jette à terre et l'abandonne.

R RHINOCÉROS.

C'est dans les contrées les
plus chaudes de l'Asie qu'on
rencontre cet animal, qui
a au moins douze pieds de
longueur sur six ou sept
pieds de hauteur. Il a sur
le nez une corne très-
dure, de deux à trois pieds,
qui lui sert de défense. Sa
peau est comme une cuirasse

impénétrable aux griffes des animaux et au fer du chasseur. Sa couleur est noirâtre. Sans être féroce ni carnassier, il est intraitable, brusque, sans intelligence et sans docilité. Il se nourrit d'herbes et de grains. On croit qu'il peut vivre cent ans.

S   SANGLIER.

Le sanglier n'est autre chose que le cochon dans l'état sauvage. Il a la même manière et les mêmes inclinations que ce dernier.

Le sanglier a deux longues et fortes dents qu'on

appelle défenses, qui le rendent très-dangereux pour les chiens qui le poursuivent, et les chasseurs qui l'attaquent.

La femelle du sanglier s'appelle laie, et ses petits, marcassins.

Le Sanglier vit à-peu-près vingt-cinq ans.

La partie la plus recherchée du Sanglier est la hure ou la tête. On fait avec sa peau des cribles, et avec ses soies des pinceaux et des brosses. Sa graisse sert à faire le sain-doux ou le vieux-oing.

T TAUPE.

CE petit animal, très-commun en Europe, a les yeux si petits, qu'on dit toujours *aveugle comme une taupe*. Destinée à passer ses jours sous terre, elle y creuse des galeries pour chercher çà et là des racines dont elle se nourrit. Aussi est-elle très-dangereuse pour les potagers. On reconnaît les endroits par où elle a passé, aux monticules de terre qu'elle soulève. Sa peau, garnie de poils très-fins, donne une fourrure très-jolie et

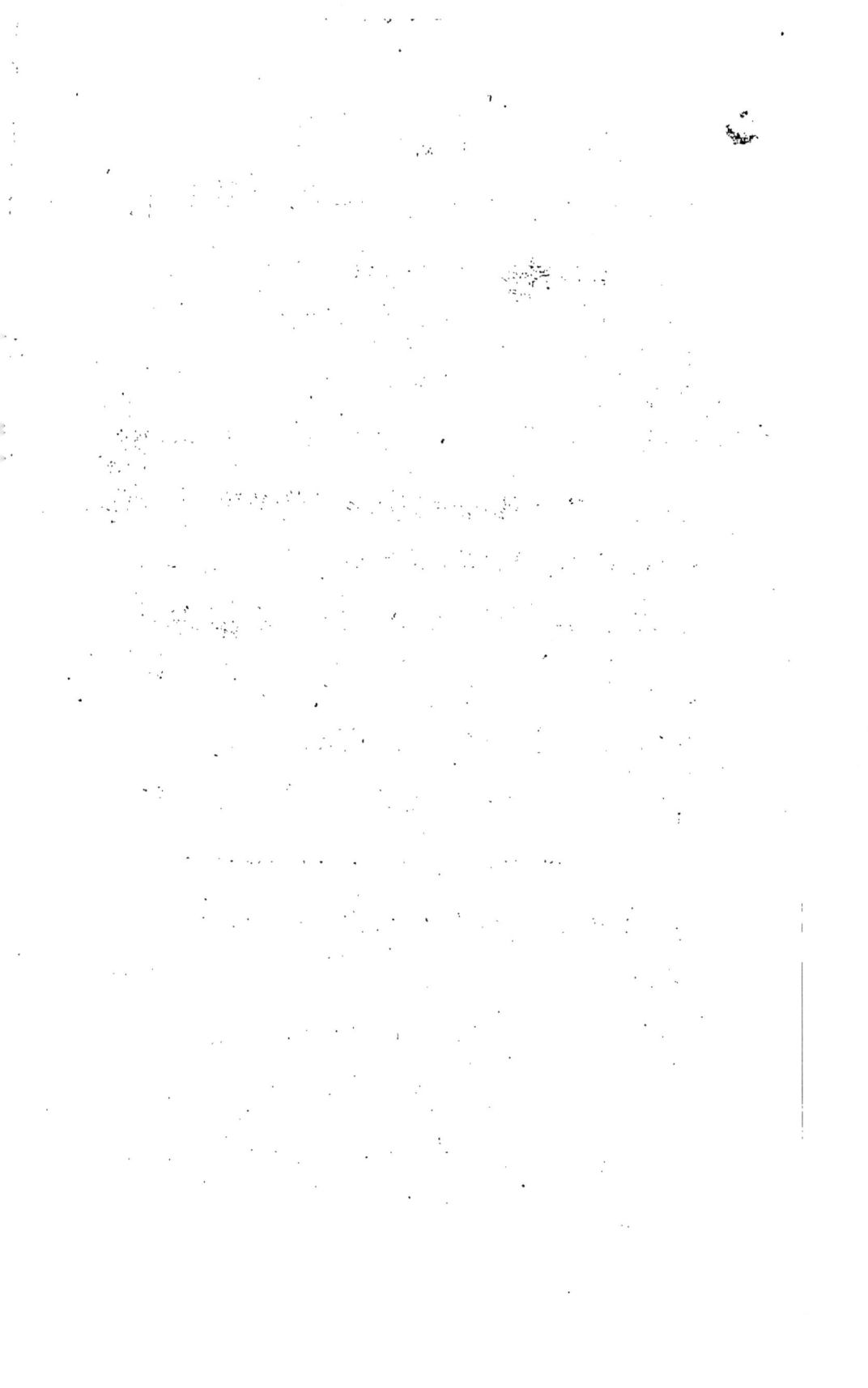

assez chère, à cause de la petitesse de l'animal.

U   URSON.

QUADRUPÈDE qui habite les terres désertes du nord de l'Amérique; il est de la grandeur et à-peu-près de la même forme que le Castor, mais il est tout couvert de piquants très-couverts, et qui sont cachés par son poil.

La nourriture favorite de cet animal est l'écorce de genièvre. Il fuit les eaux et habite sous des racines d'arbres. En hiver la neige lui sert de boisson ; en été il boit de l'eau et jappe comme un chien. Les sauvages mangent sa chair, et après avoir arraché les piquants de sa peau qu'ils emploient au même usage que les épingles et les aiguilles, ils s'en font de bonnes fourrures.

V VARI.

CET animal, qui est très-sauvage, se trouve dans les forêts de l'Afrique. Il est de la grosseur d'un chien de moyenne grandeur, et est noir ou blanc. Ses pattes de

devant et de derrière sont
conformées comme celles du
singe. Il est furieux comme
le tigre, et très-difficile à ap-
privoiser. Sa voix tient un
peu du rugissement du lion,
et est effrayante lorsqu'on
l'entend pour la première fois.

X. XÉ DES CHINOIS,

Ou animal musqué.

ESPÈCE de cerf qui n'a
point de cornes, et dont les
dents supérieures canines
sont découvertes. Le poil de
la vessie où est enfermé le
musc est long de trois pouces.

6.

Cet animal est timide. Comme son ouïe est fort délicate, il entend de fort loin, et s'enfuit dès qu'on s'approche de lui.

Son musc est le plus parfait et le plus odoriférant de tous. Il est très-recherché par les Levantins, qui en font le plus grand cas.

Le Xé se trouve à la Chine, dans les provinces de Kensi et de Sachuen.

Y YSQUIEPALTI.

ANIMAL quadrupède de la province de Guatimala dans

la nouvelle Espagne, aux Indes Occidentales, qui ressemble au renards pour la ruse et la finesse. Il est long de deux palmes. Il a la gueule petite ainsi que les oreilles, les ongles courbés, la peau noire et velue. Sa queue, mêlée de blanc et de noir, est fort longue; il paraît ressembler au putois. Il vit dans les cavernes, entre les rochers, et se nourrit d'escarbots, de vers de terre, de poules et d'autres oiseaux. Son urine et sa fiente sont d'une puanteur insupportable et gâtent tout ce qu'elles touchent.

Z ZÉBU.

Le Zébu est une espèce de bœuf que l'on trouve en Asie ; il est cependant plus petit que les bœufs de l'Europe. Ce qui le distingue, c'est une grosse bosse qu'il a sur le dos ; la bosse de la femelle est moins grosse que celle du mâle.

Le Zébu a la même manière de vivre que nos bœufs et nos vaches. Le petit Zébu tette sa mère comme le veau tette la vache, et la femelle a du lait qui est aussi bon que le lait de nos vaches.

COMPLIMENTS.

A PAPA,

Pour le jour de sa fête.

Cher papa, daignez agréer l'hommage de mon bouquet; c'est le pur don de l'innocence; c'est le symbole de la reconnaissance offert à la tendresse paternelle : ces fleurs passeront, mais mon amour pour toi ne passera jamais.

AU MÊME,

Pour le premier jour de l'an.

Je viens cher papa, te renouveler au commencement de l'année mes sentiments de tendresse et de reconnaissance. Puisses-tu vivre encore de longues années pour m'aimer comme je t'aime, et pour te le répéter chaque jour! Mes souhaits pour toi sont amitié, santé et prospérité.

A MAMAN,

Pour le jour de sa fête.

Chère maman, toi dont les tendres soins ont veillé sur mon enfance, permets à ton fils ou à ta fille, de t'offrir le jour de ta fête, ce bouquet de fleurs, doux tribut de la piété filiale, et reçois ce baiser, gage de mon amour et de ma reconnaissance.

A LA MÊME,

Pour le premier jour de l'an.

Les années, en se renouvelant, ne font qu'accroître ma tendresse pour toi. Je fais chaque jour des vœux au ciel pour ta santé, pour ton bonheur; et le mien sera toujours d'aimer maman, et de me rendre toujours digne de son amitié.

COMPLIMENTS.

Au grand-papa ou à la grand'maman,
pour le jour de sa fête.

GRAND-PAPA (ou grand'maman), le jour de ta fête est pour moi un jour d'allégresse, et je viens t'offrir des fleurs : c'est l'encens dont l'innocence fait hommage à la vertu : en récompense, donne-lui un baiser et ta bénédiction.

AUX MÊMES,

Pour le Premier jour de l'an.

LE renouvelleme nt de l'année, grand-papa (ou grand'maman), est pour moi l'occasion de vous renouveler mes sentiments d'amour et de reconnaissance pour vos bienfaits; et si vos ans se prolongent au gré de mes vœux, j'aurai encore long-temps à vous aimer.

COMPLIMENTS.

A un oncle ou à une tante, le jour de leur fête.

Qu'il est doux pour moi d'offrir à un oncle chéri (ou à une tante chérie) quelques fleurs pour sa fête. J'y ajoute encore l'expression de mon amitié pour lui (ou pour elle), pour sa tendresse et ses bienfaits pour moi; un baiser , voilà ma seule récompense.

AUX MÊMES,

Pour le premier jour de l'an.

Mon cher oncle (ou ma chère tante), je viens vous souhaiter santé et prospérité : et si les prières de l'innocence sont exaucées, vous verrez encore bien des printemps : conservez-moi toujours votre amitié, et pour gage donnez-moi encore aujourd'hui un doux baiser.

FIN.